DISCOURS

SUR

LES JEUX

ET LES

EXERCICES PUBLICS.

Par Mr. l'Abbé La Serre, des Académies de Lyon, Villefranche, Nîsmes, Clermont & Dijon.

Ouvrage qui a remporté en 1775 le Prix de Belles-Lettres, proposé par l'Académie des Sciences, Arts & Belles-Lettres de Dijon.

A DIJON,

Chez Causse, Imprimeur du Parlement, de la Ville & de l'Académie des Sciences; place St. Etienne.

Avec approbation et permission. 1775.

La Séance où le Prix fut adjugé, étoit présidée par Monseigneur le Prince de Condé. Ce fut des mains de son Altesse Sérénissime que M^r. l'Abbé La Serre reçut la Médaille ; & après l'avoir reçue, il prononça le remerciement suivant.

MONSEIGNEUR,

Le Laurier s'embellit par la main qui le donne;
Sous les traits DE CONDÉ, quand Pallas me couronne,
Dois-je envier le sort des Athletes fameux,
Dont je viens de tracer les Exploits & les Jeux !
Les éloges, les dons, les plus brillants hommages,
A leur noble triomphe, offroient un prix bien doux :
Il est plus doux encor d'obtenir des suffrages,
Sous les yeux d'un Héros qui les réunit tous.

APPROBATION.

J'AI lu, par ordre de Monseigneur le Vice-Chancelier, un Manuscrit qui a pour titre : Discours sur les Jeux & les Exercices publics, par M*r*. l'Abbé La Serre ; Ouvrage qui a remporté le Prix de l'Académie des Sciences, Arts & Belles-Lettres de Dijon ; & je crois que l'impression en sera utile.

A Dijon ce 20 Novembre mil sept cent soixante & quinze. Signé, MARET, Censeur Royal.

Vu l'approbation, permis d'imprimer. A Dijon le 4 Décembre 1775. Signé, RAVIOT.

DISCOURS.

QUELS avantages les mœurs & la politique ont-ils retiré des Exercices & des Jeux publics chez les différents Peuples & dans les différents temps où ils ont été en usage ?

LA Couronne d'or qui ceignoit le front du Vainqueur Olympique, les Esclaves, les Chevaux, les Vases d'airain, les Coupes d'argent, artistement ciselées, que Thebes, Tégée, Argos, Sycione & plusieurs autres Villes accordoient aux Athletes victorieux, n'étoient que la moindre récompense de leur force & de leur dextérité. Ceux qui avoient mérité les prix, comblés d'éloges & de présens, devenoient en quelque sorte l'objet de la vénération publique. Une palme à la main, vêtus d'une robe nuée de fleurs éclatantes, précédés d'un Héraut qui proclamoit leur nom, ils fouloiènt aux pieds, en parcourant le Stade (1), les roſes que l'alégreſſe ſemoit ſur leurs pas. Un triomphe plus flatteur encore les attendoit dans leur Patrie. Montés ſur un quadrige, environnés de l'élite des Citoyens, ils entroient par une breche dans la Ville, qui ſe flattoit de leur avoir donné le jour. Trois cents chars, attelés de chevaux blancs, précéderent celui de l'athlete Exanete. A ces honneurs brillants, mais paſſagers, les Grecs joignirent les préro-

---

(1) Le Stade étoit un terrein ſpacieux, demi-circulaire, ſablé & entouré de gradins. Sa longueur varioit ſelon les lieux. Celui d'Olympie avoit ſix cents pieds; il ſurpaſſoit tous les autres Stades compoſés d'un pareil nombre de pieds, préciſément de la quantité dont le pied d'Hercule excédoit celui d'un homme ordinaire : car le Stade Olympique n'avoit point eu d'autre meſure que le pied de ce Héros. Centorin, dans ſon chap. 12ᵉ., ſuppoſe que le Stade Pythien avoit mille pieds, & celui d'Italie ſix cents vingt-cinq.

Une ligne ou tranchée ſuperficielle marquoit originairement l'entrée de la carriere; on ſubſtitua ou l'on joignit dans la ſuite une petite éminence. Sur ce petit gradin, une eſpèce de barriere mettoit un frein à la fougue des Coureurs. La tringle de bois ou la corde qui formoit cette barriere, donnoit, en tombant, le ſignal qui avertiſſoit les Coureurs de s'élancer dans la carriere.

Au milieu du Stade l'on voyoit les couronnes, les vêtemens précieux, & les autres récompenſes deſtinées aux Vainqueurs.

A l'extrêmité du Stade s'élevoit un but, autour duquel, dans la courſe des chars & dans la courſe à cheval, l'on devoit tourner pluſieurs fois ſans s'y arrêter, pour regagner enſuite l'extrêmité de la lice d'où l'on étoit parti. . . . . *Burette* . . . .

gatives les plus avantageuſes. » Celui qui a
» été couronné, dit le Poëte Xenophane,
» prend la premiere place aux ſpectacles, &
» pendant ſa vie eſt nourri aux dépens du
» public. »

Les Athletes obtinrent les mêmes honneurs
à Rome ; une triple couronne leur aſſuroit
l'exemption de tous les impôts, & Horace nous
apprend que ſes Concitoyens, Maîtres du
monde, ſe mettoient au rang des Dieux, lorſque
dans la courſe des chars ils obtenoient la palme
de la victoire (1).

Le zèle pour les Exercices & les Jeux publics alla plus loin encore. On éleva deux
Statues à Capros, pour avoir, dans un même
jour, remporté deux victoires ; & Clitomaque,
qui avoit triomphé au pugilat, au pancrace,
à la lutte (2), célébré dans les vers d'Alcée,

---

(1)   » *Palmaque nobilis*

       » *Terrarum Dominos evehit ad Deos.* . . .

                         Hor. Ode 1re.

» Les Romains, maîtres du monde, s'élevent au rang
» des Dieux, lorſque dans leur courſe rapide ils obtien-
» nent, en évitant la borne, la palme de la victoire. «
C'eſt le ſeul ſens qu'on puiſſe donner à ce paſſage, &
les nombreux Traducteurs qui ont fait rapporter à *Deos*
ces mots, *terrarum Dominos*, paroiſſent n'avoir point ſaiſi
le ſens d'Horace, qui rejettoit les épithetes & les appo-
ſitions oiſeuſes, & qui flattoit ſes Concitoyens, en les
appellant les maîtres du monde.

(2) La lutte chez les Grecs, de même que chez les
autres peuples, étoit dans ſon commencement un exercice
groſſier, où la peſanteur du corps & la force des muſcles

                         A ij

Alcée, l. IV. vit ses traits respirer sur le bronze dans le lieu le plus fréquenté de la Grece. Théagene, selon Pausanias, reçut les honneurs divins. Après la mort de Philippe Crotoniate, les *Herod. l. V.* Egestains firent des sacrifices sur son tombeau. *9e. Ode des Pythion.* Pindare qui consacra sa lyre à chanter ces espèces de combats, nous apprend qu'Anthée, Roi d'Irase en Lybie, promit la main de sa fille à celui de ses adorateurs qui vaincroit ses rivaux à la course. Hypodamie & le Royaume de Pyrre furent la récompense de Pelops, lorsqu'il eut devancé tous ses concurrents.

Les Rois eux-mêmes furent jaloux de cette gloire, & l'on vit Hieron, Gelon, Dinamine, Philippe de Macédoine, & plusieurs Empereurs Romains, disputer les couronnes destinées à l'adresse & à l'agilité.

Nous ignorons si l'enthousiasme pour les Jeux d'Exercice fut porté aussi loin chez les autres Peuples : mais l'histoire ne nous laisse

---

avoient la meilleure part. Considérée dans cette premiere simplicité, la lutte peut passer pour un des plus anciens Exercices : mais envisagée comme une partie de la gymnastique, elle doit son origine à Thésée, qui établit des Ecoles publiques, appellées *Palestres*, où des Maîtres l'enseignoient aux jeunes gens. La lutte différe du pugilat, en ce que celui-ci apprend à porter des coups & à les éviter, & qu'elle enseigne l'art de secouer un antagoniste & de le jeter par terre.

Le pancrace réunissoit les exercices de la lutte & du pugilat ; il empruntoit de l'une les secousses & les contorsions ; il apprenoit de l'autre, l'art de porter des coups avec succès, & de les éviter avec adresse..... *Burette.*

pas douter que dans prefque tous les Pays, ils obtinrent la protection du Gouvernement.

Pourquoi ce concert unanime d'encouragements accordés aux Jeux & aux Exercices publics ? Pourquoi de nos jours font-ils abandonnés ? Devons - nous les regretter ? Nous féliciterons-nous de leur avoir fubftitué des amufements fédentaires ? Queftions intéreffantes ! L'éloquence dédaigne celles qui ne font qu'oifeufes : mais l'Orateur s'enflamme, fon génie s'exalte, fes penfées fe précipitent, lorfque le fujet qu'il traite, tient à la félicité publique. L'efpoir d'être utile le rend éloquent ; il fatisfait le befoin de fon ame. J'éprouve aujourd'hui ce fentiment ; & quand je me propofe d'apprécier les Jeux & les Exercices publics, en développant les bons effets qu'ils ont produits & qu'ils peuvent produire encore ; quand je cherche à démontrer les abus des Jeux fédentaires qui les ont remplacés, j'ofe efpérer qu'ayant le fuffrage de mon cœur, je ferai moins indigne de celui de mes Juges.

L'homme fatigué par le travail, plus fatigué encore par l'inaction, a befoin de délaffements ; & parmi les diffipations qu'il peut fe permettre, il doit choifir celles qui offrent le plus d'avantages & le moins d'inconvénients. Delà fans doute l'importance que les anciens Peuples ont attaché aux Jeux & aux Exercices publics. La raifon & l'expérience fe réuniffoient pour les faire préférer aux Jeux fédentaires.

Par ces espèces d'Exercices, le corps acquiert du développement, de la force, de l'agilité; par eux la voix des passions avilissantes est étouffée; ils ouvrent l'ame à ce calme intérieur qui inspire la gaieté, la fermeté, le courage. Combien ces Jeux & ces Exercices publics n'influent-ils pas sur la santé!

Lorsque le mouvement des muscles ne seconde pas celui du cœur, il est à craindre que la circulation ne devienne trop foible, que les humeurs n'acquierent trop de consistance, que les solides ne perdent de leur ressort : mais les Exercices préviennent ces maux; ils provoquent la transpiration, qui ne peut, ni être diminuée qu'aux dépens de nos forces, ni être supprimée qu'aux dépens de notre vie. Par leur secours, le sang circule avec rapidité, s'épure, se perfectionne; les esprits animaux se distribuent avec plus d'aisance; leur irradiation est plus instantanée; les fibres acquierent de jour en jour plus de vigueur, plus d'énergie; les membres deviennent plus agiles; le sentiment intime de notre bien-être & de nos forces, transmet à l'ame la douceur inappréciable de la gaieté. Elle naît, disoit Voiture, de l'agitation du corps & du repos de l'esprit.

Aimable gaieté, tu jettes des fleurs sur les épines de la vie; tu nous disposes à l'indulgence qui excuse les fautes, & à la patience qui les supporte; tu éloignes l'envie, qui s'attristant de la félicité des autres, sourit à leurs fautes & à leurs revers; tu fermes nos cœurs à la vengeance, plus pénible encore pour celui qu'elle anime , que formidable pour ceux qu'elle pourfuit; tu bannis la mélancolie , & elle eft pour nos ames , ce que font pour la nature les ténébres qui nous voilent fes beautés ; tu nous préferves de la maladie morale la plus dangereufe, de cette pente à la volupté , qui détend les refforts du courage, & communique à l'homme une efpèce d'apathie pour les actions généreufes.

Voyez nos jeunes gens qui , traînant aux pieds de nos Lays les langueurs d'une vieilleffe précoce, achetent à grand prix les dégoûts de la fatiété & les agitations des remords. Leurs corps exténués par les excès des plaifirs que leur imagination s'épuife à varier, tranfmettent à leurs ames la même foibleffe. Effaieront - ils, combineront - ils, entreprendront-ils de grandes chofes ? Les Exercices & les Jeux publics diminueront par une heureufe diffipation d'efprits animaux , le fuperflu des forces dont ils abuferoient pour les perdre entiérement. Ils diftraieront leur imagination de la peinture féduifante des voluptés. Les applaudiffements accordés à l'adreffe ou à la force, la pompe du fpectacle qui ennoblit le triomphe , réveilleront dans leur cœur la paffion de la gloire. Elle trouve au fond de nos ames un négociateur éloquent qui nous fait pencher vers elle. Le defir le plus vif de l'homme eft celui de la confidération, & dès qu'on lui montre la palme, il quitte les étendards de la volupté, pour marcher fous ceux de la victoire.

Tels font les motifs qui ont déterminé les anciens, & qui devroient engager les modernes à protéger les Jeux & les Exercices publics. Ces avantages fuffiroient fans doute pour leur affurer la préférence qu'ils follicitent aujourd'hui par ma voix : mais ce ne font pas les feuls titres qu'ils puiffent faire valoir. Il eft prouvé qu'ils augmentent nos forces, & la confcience de nos forces anéantit la pufillanimité qui enfante les détours, qui confeille la fraude, qui produit les baffeffes.

L'homme, dont le corps eft fortifié par l'exercice, dont l'ame eft élevée par le témoignage intérieur de fes forces, devient intrépide, franc, généreux ; ne craignez de lui ni méchanceté ni baffeffe : le lâche feul eft rampant & perfide.

Les anciens Gouvernements avoient donc de puiffants motifs pour encourager les Exercices publics : la morale leur en faifoit un devoir ; & la politique, fi refpectable, lorfqu'elle s'occupe, non à tromper les hommes, mais à les rendre meilleurs & plus heureux, les preffoit également d'accorder les plus grands encouragements à des Jeux dont elle tiroit les plus grands avantages.

Il eft très-important pour les Peuples belliqueux, dit Platon, d'augmenter leur force & leur agilité, & la faine raifon confeille de propofer des Prix pour les Exercices qui rendent le corps moins fenfible à la fatigue.

Lorfqu'on ne connoiffoit pas encore l'art

de faire mouvoir une armée comme un feul homme; dans la Phalange grecque, dans la Légion romaine, la victoire dépendoit encore plus de la force des Soldats, que de la prudence des Généraux. La différence dans les mœurs en avoit introduit dans la maniere de combattre : la tactique des Romains n'étoit pas celle des Spartiates; la fubtilité des Grecs fe trahiffoit jufques dans leurs évolutions militaires, & l'on reconnoiffoit la majefté des Romains dans l'ordonnance de leurs troupes.

Mais les Romains, les Grecs, les Numides, les Germains, les Goths, toutes les Nations avoient befoin de Soldats robuftes, pour porter le poids effrayant des armes; de foldats agiles pour lancer, les uns des javelots, les autres des pierres, ceux-ci des piques, ceux-là des francifques; de foldats accoutumés à la fatigue pour fupporter des marches prefque toujours forcées, pour applanir & confolider des chemins, pour paffer des fleuves à la nage.

Les combats de corps à corps étoient alors en ufage : ici nous voyons Artaxerces affaillir & tuer Cyrus fon frere. Là, Darius fe fent pourfuivi par le conquérant de l'Afie. L'Yliade, l'Enéide, les Hiftoriens comme les Poëtes, nous offrent de fréquentes defcriptions de ces monomachies dans lefquelles il étoit néceffaire que la force fecondât le courage. Delà les honneurs accordés à cet Hercule, qui apprit dans les Exercices de la lutte à purger la terre de brigands; à Thefée, qui, felon Paufanias, fe montra toujours l'effroi de la tyrannie ; à Milon, qui, fans le berger Titorme, eût compté tous fes combats par autant de triomphes.

Les anciens crurent devoir les mêmes encouragements à la courfe. Elle apprenoit à l'homme de guerre à s'élancer avec impétuofité fur l'ennemi, à le prévenir dans un pofte avantageux, à éclairer fes démarches, à fe porter fur lui avec une célérité propre à déconcerter fes projets. Le Soldat, exercé à la courfe, rend, s'il eft vainqueur, le triomphe plus complet ; s'il eft forcé de céder à la force, ou au malheur des circonftances, une fuite précipitée lui fait éviter la honte des fers, ou une mort inutile à la Patrie. Quel avantage ne leur affuroit donc pas la légéreté ! Auffi Xenophon ne ceffoit-il de recommander la chaffe que l'Anarchie féodale a interdite chez nous à la partie de la Nation qui a le plus befoin de ce délaffement.

C'étoit dans les mêmes vues, c'étoit pour donner aux corps de la foupleffe, de la force & de l'agilité, que les anciens confeilloient la danfe : je ne parle ni de ces danfes lafcives qui, dès le temps de Plutarque, réduifoient les hommes à l'efclavage d'une volupté aviliffante, ni de celles que Platon banniffoit de fa République, comme fervant plus à énerver le corps qu'à le fortifier ; mais des danfes pyrriques, dans lefquelles, en imitant les actions des Combattans, l'on efquivoit, l'on paroit, l'on portoit des coups avec autant de grace que d'activité. Cet Exercice, en im-

*Végéce, liv.
1er. chap. 9.*

primant à toutes les parties du corps un mouvement modéré, eſt peut-être plus propre que les autres eſpèces de Jeux publics à lui communiquer de la vigueur & de l'agilité : cet art, ſi cultivé dans l'iſle de Crete, où Rhea l'avoit enſeigné à ſes Prêtres; ſi recommandé à Sparte, où Caſtor & Pollux en avoient donné des leçons; ſi honoré chez les Theſſaliens, où le ſoin de le diriger étoit une des plus belles prérogatives du Magiſtrat; cet art, encore plus utile qu'agréable, méritoit la plus grande émulation. Le raiſonnement ſuffiroit ſans doute pour nous convaincre des avantages qu'offroient ces Jeux publics. Mais l'hiſtoire eſt d'accord avec la raiſon pour démontrer que la politique des Gouvernements étoit intéreſſée à leur accorder la protection la plus diſtinguée.

Ce ſont les Jeux olympiques qui révélerent aux Epaminondas & aux Pélopidas le ſecret de leurs forces, qui vengerent les Béotiens du mépris des autres Grecs, & qui fournirent à Thebes les moyens de ſecouer le joug de Lacédémone. Lacédémone, ah ! ſi elle fut long-temps la terreur de ſes voiſins, elle dut ſes ſuccès à l'éducation mâle que recevoient ſes enfans. On les accoutumoit dès l'âge de cinq ans à manier l'épée, à tirer des fleches, à parer des coups; dès ce bas âge ils exécutoient, au ſon de la flûte, toutes les évolutions militaires. Ces mêmes Exercices communiquoient aux Lacédémoniennes la vigueur d'ame & l'intrépidité qui les caractéri-

Polibe, *pag. 125.*

foient. Expofées aux injures de l'air , on les voyoit lancer d'un bras vigoureux des palets & des javelots, endurcir leurs corps par ces Jeux, & y puifer une vigueur qu'elles communiquoient aux enfants dont elles devenoient les meres : auffi pouvoient - elles dire avec l'époufe de Leonidas : » il n'eft pas étonnant que nous commandions aux hommes, » puifque nous fommes les feules qui mettions au monde des hommes. » Un peuple dont la premiere loi étoit de vaincre ou de mourir dans les combats ; une Ville qui n'avoit d'autres remparts que la valeur de fes Citoyens ; Sparte enfin où les lâches étoient non - feulement exclus de tous les emplois, mais ne pouvoient même devenir époux , devoit fans doute accréditer des Jeux qui augmentoient le courage avec les forces. Les Athéniens avoient le même intérêt à leur accorder la même protection. Obligés dans les combats navals de faire mouvoir les rames pefantes des plus hautes galeres , ils étoient armés de pied en cap dans les combats de terre. La même politique engagea Minos à recommander aux Crétois les courfes, la chaffe, les danfes militaires. Accoutumés aux fatigues & aux dangers , ils défendirent leur liberté avec fuccès, jufqu'au moment où énervés par les Jeux fédentaires, ils allerent au devant des fers que leur forgeoit Metellus.

L'an de Rome 585. A Rome les amufements de l'enfance & les occupations de la jeuneffe difpofoient les Citoyens à ne pas fuccomber fous le faix ac-

eablant des armes, à faire plufieurs jours de
fuite quatre mille par heure (1), & à ne pas
moins braver les fatigues que la mort. Combien de Romains fe font immolés pour leur
Patrie ! Ces facrifices fuppofent de la vigueur
dans l'ame, & la force de l'ame dépend prefque toujours de celle du corps. La guerre
étoit pour ce Peuple de Héros une médita-
tion, & la paix un Exercice. Leur Gouver-
nement devoit donc accueillir les Jeux qui *Jofeph, l. 11.*
préparoient des Défenfeurs à l'Etat. Auffi tant
que les Romains fortifierent leurs corps dans
les Exercices & les Jeux publics, ils furent
l'effroi des Teutons, des Cimbres, des Gaulois, des Numides : mais dès que le goût pour
l'oifiveté eut remplacé l'amour du travail ;

---

(1) Végéce nous apprend dans le chap. 2ᵉ. de fon
1ᵉʳ. livre, que les troupes romaines faifoient de leur pas
ordinaire vingt mille en cinq heures d'Été ; & quand la
néceffité l'exigeoit, vingt-quatre mille dans le même ef-
pace de temps. En réduifant le pas des Romains à notre
mefure, & en convenant que les cinq heures d'Été équi-
valoient à fix heures un quart, il n'en faudroit pas moins
conclure que le foldat faifoit dans foixante de nos mi-
nutes, deux mille neuf cents toifes.

Sans doute il falloit être robufte pour foutenir de pa-
reilles marches, en portant dans la même main dèux ja-
valots, dont l'un étoit armé d'un fer triangulaire de neuf
pouces de longueur fur une hampe de cinq pieds & demi.

Le même foldat avoit encore pour armes défenfives,
une épée, un grand bouclier, un cafque, un plaftron
d'airain de neuf pouces en quarré.

Sous Scipion Emilien, chaque foldat porta fept pieux
& du bled pour quinze jours.

dès que la volupté eut succédé à la tempérance ; dès que les amusemeuts sédentaires eurent énervé les ames & les corps, Rome perdit sa considération avec ses mœurs.

Tous les Peuples qui ont joué un rôle sur le théatre de la guerre, ont fait dans les Jeux & les Exercices publics l'apprentissage de l'héroïsme. La course à pied, à cheval, ou dans des chariots, préparoit aux Egyptiens des Soldats adroits & vigoureux.

Dans les Isles Baléares, les enfans, exercés à tirer de la fronde, étoient privés de la nourriture lorsqu'ils manquoient le but : aussi leurs Soldats lançoient-ils les pierres les plus grosses avec la plus grande justesse & avec plus de violence que les machines même.

Chez les Hyligones, comme chez les Baléares, la nourriture des enfans étoit le prix de leur adresse.

Diodore, pag. 112.

Des Peuples voisins, montés sur le sommet des arbres, dont les rameaux naissants leur servoient d'aliments, sautoient d'une branche à l'autre avec l'agilité des Oiseaux.

Le Beau, *hist. du Bas Emp. t. IV.*

Les Huns, dès l'âge le plus tendre, armés d'un arc, poursuivoient les bêtes féroces, & dans ces espèces de Jeux, ils fortifierent ce courage qui soumit vingt-six Royaumes, & étendit leurs conquêtes depuis la Mer du Japon jusqu'à la Mer Caspienne (1).

______

(1) Ismandès prétend que ces peuples ne vivoient que de chasse. Leurs meres leur écrasoient le nez, afin qu'il s'appliquât plus juste à leur visage, & leurs peres leur

(15)

Les Gaulois, fi redoutés que les Rois ache-
toient d'eux la paix même avant que d'être
attaqués; les Gaulois qui renverfoient & donnoient les Empires, durent à ces Exercices la
valeur qui leur affervit les Maîtres du Monde;
& n'eft-ce pas dans des combats fimulés & des
Jeux militaires, que les Germains (1) fortifierent ce courage, qui, plus d'une fois,
effraya les Gaules même ? Au rapport de Sy-
donius Apollinaire, les Jeux publics avoient
rendu les Francs fi adroits, qu'ils touchoient
toujours le but; fi agiles, qu'ils arrivoient fur
l'ennemi auffi promptement que leurs javelots;
fi courageux, qu'ils auroient perdu la vie avant
que de perdre le courage(1). Les Goths préve-

---

tailladoient les joues, afin d'empêcher leur barbe de
croître. Accoutumés à ne fe nourrir que de racines crues,
ou de la chair des animaux mortifiée entre la felle & le
dos de leurs chevaux, ils ne connoiffoient aucune de-
meure fixe, paffoient à cheval les jours & les nuits; lan-
çoient, en courant à toute bride, & même en fuyant,
leurs fleches armées d'os pointus, avec tant de force &
d'adreffe, qu'elles portoient des coups fûrs & mortels.

(1) Les jeunes gens chez les Germains, étonnoient
les fpectateurs par l'adreffe & la bonne grace avec laquelle ils fautoient tout nus à travers les pointes mena-
çantes des lances & des épées. L'on a reproché à Sym-
pronia de danfer avec trop d'art, & la cenfure n'a point
épargné Domitien, qui, en lançant une fleche de loin,
la faifoit paffer entre les doigts d'un jeune Officier : mais
lorfque l'adreffe a, comme chez les Germains, pour objet
de défendre nos jours ou ceux de nos Concitoyens, elle
ne peut être trop encouragée.

(2) Chez les Francs, les moindres différends fe vui-

nus par leur éducation contre les arts corrupteurs , propres à augmenter le luxe qui les a
introduits , ils acquirent dans les Jeux d'Exercice cette légéreté qui leur fit donner le nom
de *Saliens* , & cette intrépidité qui intimida
Rome même. La politique confacra long-temps
auffi chez nos Ancêtres des Exercices dont elle
tiroit les plus grands avantages ; & les joûtes,
les tournois, les combats de plaifance & à
outrance , entretinrent parmi nous pendant
plufieurs fiécles, le mépris des fatigues, des
douleurs & de la mort. La Cavalerie étant
devenue fous les Carlovingiens la premiere
force de nos armées, il étoit néceffaire que
nos jeunes Guerriers, revêtus d'une cuiraffe
impénétrable , chargés d'armes pefantes, montés fur des courfiers couverts d'airain comme
eux , n'euffent pas moins de force que d'intrépidité. Delà ces caracteres mâles, ces mœurs
franches, ces manieres aifées, cette loyauté
qui rendoient la fociété plus fûre , fans qu'elle
parût moins agréable.

---

doient par les armes. Obligés de s'affocier à la vengeance de leurs parents offenfés , ils étoient fouvent dans
la néceffité d'attaquer ou de fe défendre. Lorfqu'ils aban-
donnoient dans le combat leur pair ou compagnon , ils
perdoient les terres qui étoient la récompenfe de leur
valeur, & ils étoient privés du droit de fucceffion, lorfqu'ils ne vengeoient point une infulte faite à leurs amis:
ainfi leur propre intérêt & l'opinion leur faifoient une
loi de fortifier leurs corps par les Exercices & les Jeux
publics.

Il eft

Il est donc évident que non seulement les Jeux & les Exercices publics doivent donner au corps de la souplesse, de l'agilité, de la force ; à l'ame, de la gaieté, de la grandeur, du courage, mais que l'expérience de tous les siécles & de toutes les Nations se réunit au raisonnement, pour prouver qu'ils ont produit ces heureux effets, toutes les fois qu'ils ont été accueillis & protégés.

Prétendre cependant qu'ils n'ont présenté aucuns inconvéniens ; ce seroit, & contredire l'Histoire, qui nous atteste que les hommes en ont abusé quelquefois, & ne pas connoître le cœur humain, dont le propre est d'abuser des meilleurs choses. Le pugilat & la lutte ont été dans certaines occasions accompagnés d'agitations si violentes & de contorsions si peu naturelles, que, de l'aveu même de leur plus grand Panégyriste (de M. Burette), ils n'étoient nullement propres à entretenir les ressorts de notre machine dans le juste équilibre, nécessaire pour en établir la bonne constitution. L'humanité réclame contre certains Exercices adoptés par les Thraces(1) dans leurs

---

(1) Dans les festins des Thraces, il falloit, en sautant, passer son col dans un nœud coulant, qui étrangloit celui qui n'avoit point la force de couper la corde. Les mêmes peuples, dans d'autres fêtes, dressoient un poteau de hauteur d'homme. A travers un trou placé au sommet du poteau, passoit une corde qui attachoit par le cou deux jeunes gens ; l'un tâchoit d'enlever l'autre : ainsi ce jeu atroce présentoit toujours une victime, & quand les contendans étoient tous deux de la même force, l'on voyoit deux victimes au lieu d'une. *Gachet.....*

feſtins, & la décence contre des ſpectacles trop fameux chez les Lacédémoniens (1). Qui pourroit applaudir à ces gladiateurs, qui, pour ne pas ceſſer de plaire aux Spectateurs, s'efforçoient de conferver un air gracieux, en rendant le dernier ſoupir ?

Le goût pour les Exercices & les Jeux publics, transformé en paſſion, enfanta des excès qui contribuerent à les décréditer chez pluſieurs Nations; la nôtre s'eſt crue forcée d'interdire les tournois; ils coûterent la vie à pluſieurs Chevaliers, qui auroient dû la perdre, non en amuſant la Cour, mais en défendant l'Etat. Ces Jeux appellerent en France un luxe qui a augmenté nos vices comme nos beſoins. Ils ont tranché les jours de Henri II, dont un plus long regne eut ſans doute épargné des remords à ſes fils, & des pleurs à ſon Peuple. Mais ne valoit-il pas mieux prévenir ou réformer ces abus, que d'interdire des Exercices auxquels nos aieux durent une partie de leurs vertus & de leur gloire ?

» Ils ſont devenus inutiles, dira-t-on, la
» diſcipline & les armes à feu nous diſpenſent
» aujourd'hui de la force & de l'agilité. La
» ſupériorité des troupes n'eſt plus que le pro-

---

(1) Euripide accuſoit ces Jeux d'avoir éteint dans les filles tous ſentiments de pudeur & de modeſtie. Comment pourriez-vous, dit Pélée dans Andromaque, avoir des femmes chaſtes à Lacédémone, vous qui élevez les filles à combattre nues avec de jeunes hommes? Dans certaines fêtes ſolemnelles elles danſoient en cet état aux yeux des Lacédémoniens.

» duit de leur nombre. » Ah ! lorſque la
dextérité & la vigueur ne feroient d'aucune
reſſource dans les combats, du moins elles
deviendroient néceſſaires pour ſupporter la
longueur des marches, l'intempérie des cli-
mats, la rigueur des faiſons. Eh ! que vous
fert de braver la mort, fi vous redoutez les
fatigues ? Vous ne tremblez pas devant l'ennemi, mais vous craignez le mal - aiſe. Du
moins les Soldats qui perdent la vie dans la
bataille, ont ſervi la Patrie. Mais quelle re-
connoiſſance doit-elle à ces hommes exténués
par la débauche, énervés par les plaiſirs ſédentaires, qui ne peuvent ſurvivre aux moindres privations ? Ils ont du courage, mais ce
courage eſt enchaîné par la foibleſſe de leur
corps. Eh ! quand ces Exercices feroient inutiles dans notre tactique moderne, du moins
nos mœurs en tireroient de grands avantages ;
& la gloire des nations dépend de leurs mœurs.
Les nôtres font avilies & énervées par les amu-
ſements ſédentaires qui ont remplacé les Jeux
& les Exercices publics (1). Développons

---

(1) Si je n'euſſe craint de franchir les bornes pref-
crites par l'Académie, j'aurois eſſayé de prouver que les
Arts ont tiré de grands avantages des Exercices & des
Jeux publics. Si les Sculpteurs & les Peintres Grecs ont
été le déſeſpoir des modernes, qui ont voulu les imiter,
ils doivent en partie cette ſupériorité à l'émulation qu'ex-
citoient les prix deſtinés aux talents : mais il faut avouer
que les Exercices du corps leur formoient des modèles
dignes de les animer. Ne cherchons pas ces modèles dans
nos cercles, où les corps entravés dans d'étroits vête-
ments, ne préſentent que des attitudes viciées par la

cette vérité dans la seconde partie de ce Mémoire. Rien ne sera plus propre à justifier les encouragements que ces derniers ont reçu dans tous les temps & chez tous les Peuples, & à remplir le vœu d'une Académie patriotique, qui voudroit ralumer dans toutes les ames le feu des vertus, & sur-tout de l'héroïsme.

En mettant sous vos yeux l'effrayant tableau des inconvénients & des dangers qui sont une suite funeste des amusements sédentaires, je tirerai un rideau sur ces temps où les suc-

---

contrainte ; où une bienséance étudiée ôte à la physionomie son caractere, aux mouvements leur liberté, aux regards leur vivacité. C'est dans les combats simulés où les Héros Grecs développoient leur courage. C'est dans les assemblées, où les danses folâtres réunissoient la jeunesse, que les Apelle & les Praxitelle alloient, à travers un vêtement léger, étudier la régularité des formes, la molesse des contours, l'élégance des gestes, qui cessent d'être agréables, lorsqu'ils ne sont plus naturels. Là, le desir de plaire & l'ivresse de la joie embellissoient encore la beauté, & doubloient les graces que les jeunes Athéniennes avoient reçues de la nature. Là, les Artistes saisissoient les mouvements les plus favorables à l'imitation. Les Palestres devenoient aussi des Atteliers. C'est dans les combats des Lutteurs que les Phydias, lorsqu'ils peignoient Hercule ou Jupiter, alloient étudier l'emmanchement des membres, le jeu des muscles, les mouvements des nerfs, & ces attitudes aussi vraies qu'étonnantes, qui forcerent les suffrages de la rivalité même. Ce sont ces fêtes animées par la joie, qui fournirent à Homere, à Anacreon, à Théocrite, à Virgile, les peintures qui prêtent tant d'intérêt à leurs ouvrages. Ils voyoient la nature dans toute son énergie, & ils la peignoient comme ils la voyoient.

cefleurs de nos Héros fe difputoient, non comme leurs ancêtres , la gloire de terraffer l'ennemi de l'Etat , mais celle de céder, moins vîte que leurs rivaux , au délire de l'ivreffe , & de détonner d'une voix élevée l'éloge du vin & de la volupté : ce feroit humilier notre nation , que de lui rappeller fa frénéfie pour les plaifirs de la table , au fein defquels fe font mille fois renouvellés les combats des Lapithes & des Centaures.

Qu'avons-nous fubftitué à ces amufements ? Les Jeux de hafard ou de commerce nous ont préfenté une diffipation moins ignoble peut-être , mais fûrement plus dangereufe (1). Eh! qui ne fent pas que ces efpèces de jeux compromettent la fanté comme la fortune ; que la crainte de perdre , ou le défefpoir d'avoir perdu , fait éprouver à l'ame des fecouffes qui la violentent ou la déchirent ; qu'ils dé-

---

(1) Les Loix romaines interdifoient les jeux de hazard

Ludere doctior

Seu græco jubeas trocho ,

Seu malè , vetitâ Legibus aleâ. Her.

Les Philofophes ont travaillé, comme les Loix, à flétrir ces jeux ; & Séneque fuppofe que l'Empereur Claude, pour avoir joué avec paffion , fut condamné par Eaque à jouer aux dés dans les Enfers, avec un cornet percé, & à courir toujours après fes dés, qui lui échappoient fans ceffe. « *Ludere pertufo fretillo , & fugientes teffcras* » *femper quærere , & nihil perficere.* « Le P. Lecomte nous apprend que les Chinois jouent quelquefois leurs enfans, leurs femmes & leur propre perfonne. Combien d'Européens nous rappellent, dans le jeu, les mœurs des Chinois !

truifent l'ordre de la fociété, en ôtant aux Grands un air de dignité qui en prêtoit à leurs mœurs ; en infpirant aux petits une confiance, un luxe & une audace qui contrafte avec leur naiffance ; qu'en immolant la gloire à l'argent, ils nous dégradent & effacent de nos ames les traits de notre grandeur primitive.

Jettez les yeux fur ce pere de famille que l'efpoir ou d'augmenter fon opulence, ou de réparer fes pertes, vient de réduire à une pauvreté d'autant plus humiliante, qu'il n'a plus même la reffource des infortunés, le droit d'exciter la commifération. Trop heureux encore s'il ne fouffroit pas dans d'autres lui-même ! Mais il voit languir dans l'opprobre fes enfants, devenus les victimes de fa cupidité ; & leur tendre mere, réduite à rougir du nom d'époufe. Il lui refteroit une efpèce de confolation, s'il n'avoit à gémir que fur fon infortune ; mais il eft plus humilié de fes crimes que de fa mifere : il fe rappelle les détours honteux auxquels il eft defcendu pour *allécher* (paffez-moi le terme) l'avarice des autres ; pour profiter de leur imprudence ; il fe rappelle,..... Eft-il quelques baffeffes que ne confeille pas la barbare paffion du jeu ? Elle anéantit cette fenfibilité naturelle qui nous fait fourire à la félicité de nos femblables, & reffentir le contre-coup de leurs malheurs. Le Joueur qui s'enrichit de leurs pertes, fait des vœux pour leur ruine. Il s'irrite du bonheur de fes amis même. Ah ! la nature qu'il dédaigne eft vengée ; il ne connoît plus l'amitié.

Telle eft une partie des inconvénients des Jeux de hafard que nous préférons aux Jeux & aux Exercices publics : auffi tous les Gouvernements convaincus de leurs dangers, leur ont-ils dans tous les temps imprimés le fceau de la flétriffure, & la France vient encore d'en renouveller la profcription dans une Ifle, qui ne connoît les mœurs & la fécurité que depuis le moment où elle s'eft foumife à notre légiflation ; mais hélas ! l'avarice a plus d'activité que le Miniftere ; & les Loix ont moins de reffources que la cupidité. Avouons-le cependant, ceux qui s'abandonnent le plus à cette paffion, conviennent de fes dangers, & regrettent les Jeux qui fortifioient le corps en délaffant l'efprit.

Il n'en eft pas de même des perfonnes qui prennent la défenfe des Jeux fcéniques. A peine oferoit-on leur dire qu'il eft dangereux de peindre aux hommes les crimes des Medée, des Atrée, des Fayel, crimes également oppofés à la nature & à l'hiftoire. L'on fera accufé de rigorifme, fi l'on refufe d'appeller Ecole de la vertu, un théatre où les foibleffes font peintes avec des couleurs qui les rendent intéreffantes ; où la plus impérieufe des paffions eft fouvent confeillée, & toujours juftifiée ; où des Valets enfeignent à leurs jeunes Maîtres l'art de tromper leurs tuteurs & leur pere même ; où des courtifannes lafcives donnent fouvent des leçons, & plus fouvent encore des modeles de débauche ; où l'on a quelquefois ofé préparer des fers aux nations, en préconisant le despotisme, & attenter à la puissance respectable des Souverains, en conseillant l'anarchie ; où des Actrices, qui n'empruntent de la décence que ce qui peut les rendre plus séduisantes encore, tendent sans cesse des piéges à l'innocence & à la fortune d'une jeunesse trop docile à la séduction.

Pour moi je ne viens point, Censeur atrabilaire de nos spectacles, soutenir qu'ils sont le tombeau, plutôt que l'école des mœurs. J'avouerai même qu'ils pourroient offrir autant d'avantages que d'agréments. Les Athéniens durent à Sophocle leur fanatisme pour la liberté. Les Suppliantes d'Euripide armerent ses Concitoyens contre les Habitans d'Argos. La grandeur d'ame de Corneille s'est communiquée à son siécle, & Moliere a fait disparoître des travers que nous pardonnons encore moins que les vices. Sans doute l'art de mettre la vertu en action, est très-propre à l'inspirer, & le charme de la poésie, lorsqu'elle embellit une saine morale, aide la mémoire à la retenir, & le cœur à la goûter. Je suppose même que l'on n'abusera jamais de nos spectacles ; que le prestige du vers & l'illusion du dialogue ne seront jamais employés pour excuser ou provoquer nos foiblesses. Mais l'on ne pourra nier du moins que les Jeux scéniques n'ont pas, comme les Jeux d'exercice, l'avantage de fortifier le corps, & de disposer à l'héroïsme. S'ils sont à la portée du peuple, ils n'intéressent pas l'homme, dont l'efprit eft exercé ; s'ils intéreffent l'homme inftruit , ils font au-deffus de l'intelligence du peuple ; eft-il en état d'acheter le plaifir d'être amufé par des Acteurs mercenaires ? & lorfque la médiocrité de fa fortune pourroit fuffire à cette efpèce d'impôt, l'enceinte, toujours bornée, d'une falle plus ou moins circonfcrite, pourroit-elle le contenir ? Or, il fuffit que les Jeux fcéniques ne puiffent amufer la partie des hommes qui a le plus befoin d'amufement, pour qu'on doive leur préférer les Jeux & les Exercices publics. Mais les fpectacles qui chez les Grecs & les Romains ont finon appellé, du moins encouragé le luxe (I); les fpectacles ne peuvent conve-

---

(1) Il n'eft peut-être pas inutile de remarquer que les Jeux fcéniques ont été chez les Grecs & les Romains, une des fources du luxe qui a hâté leur efclavage. Les Athéniens, felon Plutarque, ont beaucoup plus dépenfé fur leur théatre qu'en toutes leurs guerres; & nous lifons dans Pline, liv. 36, chap. 15, que l'Edile M. Æmilius Scaurus fit conftruire, l'an de Rome 678, un théatre décoré de trois cents foixante colonnes : le premier étage étoit entiérement de marbre, le fecond étoit incrufté de verre, le troifiéme étoit décoré d'uue boiferie dorée : Trois mille ftatues de bronze, dépofées entre les colonnes, leur prêtoient un nouvel éclat; des réfervoirs d'eau de fenteur, qui couloit en forme de rofée dans des tuyaux brillants, répandoient un parfum délicieux, & embaumoient quarante mille fpectateurs que contenoit l'enceinte de cette falle élégante & magnifique. Ce luxe alla jufqu'à combler de richeffes les Acteurs. Le Comédien Efope jouiffoit de plus de deux cents mille livres de rente, & Clodius fon fils couvrit fa table d'oifeaux qui lui coûtoient chacun 1650 liv.

nir à tous les temps, à tous les lieux, à toutes les circonſtances. Marſeille encore Payenne ſe croyoit obligée de fermer ſes portes aux Hiſtrions. La politique du Gouvernement chez pluſieurs Peuples, les principes de Religion dans quelques Etats, le peu de reſſources dans les petites Villes, & même dans les Villes médiocres, ne permettent pas d'y introduire les Jeux ſcéniques, & par-tout les Jeux & les Exercices publics peuvent prévenir les dangers de l'oiſiveté. Ils deviennent néceſ-ſaires dans les lieux qui ne peuvent admettre les théatres : que feront les habitans ? Iront-ils, comme dans les Cités Helvétiques, cher-cher dans les cercles une diſſipation égale-ment honnête & agréable ? Mais n'eſt-il pas à craindre que la médiſance ne devienne l'amu-ſement de ces aſſemblées languiſſantes ſans elle ? Elle eſt, a-t-on dit, la ſauve-garde des mœurs, parce qu'elle prévient ou arrête les ſcandales, parce qu'en démaſquant les vices, elle les intimide ; mais la méfiance qu'elle fait naître n'eſt-elle pas le fléau des ſociétés ? Des préventions héréditaires, des haines éter-nelles ſont preſque toujours l'effet des épi-grammes échappées plus ſouvent au beſoin de parler, ou au deſir de paroître amuſant, qu'à la paſſion de nuire.

Que ſera-ce ſi cette dicacité déchire le voile de l'adminiſtration, prête des intentions baſſes ou dangereuſes à ceux qui tiennent les rênes de l'Etat, révéle au Peuple le ſecret de ſa dépendance, & relâche le lien de la

Valer. max.

Rouſſeau de Genève.

vénération qui doit attacher le Sujet au Souverain.

Delà ce dégoût pour la chofe publique que prévient ou que fuit de près l'extinction du patriotifme; delà ces plaintes fourdes qui préparent les révolutions; delà cette anarchie, fur les pas de laquelle s'avance toujours le defpotifme.

Celui que les peuples ont chargé du fardeau de la fouveraineté, leur auroit épargné l'attentat de la révolte, & les malheurs des guerres civiles, s'il les eût arrachés à l'inquiétude, par les préparatifs, la pompe & la variété des Jeux publics. L'appareil, l'attente même de ces Fêtes, diftraient les efprits; c'eft dans les cercles de Genève, & non dans fes Jeux militaires; c'eft dans les caffés de Londres, & non dans les courfes de Neu-Market, que l'on s'accoutume à cenfurer les opérations du Gouvernement, & que l'on creufe furtivement les mines qui ébranlent ou renverfent les Empires.

Les Jeux font des hochets qui font fourire les enfans; qui charment leur ennui; qui fufpendent leur douleur. Le lion qu'on amufe, ne fonge point à brifer fes fers.....

Il faut procurer des délaffemens au peuple; c'eft une vérité qui ne pouvant être conteftée, n'a befoin ni de développement, ni de preuves; mais il eft également inconteftable que parmi les amufemens, il faut choifir ceux qui, comme les Jeux & les Exercices publics, offrent beaucoup d'avantages, & prefque aucun incon-

viennent; & rejetter ceux qui, comme les Jeux
fédentaires, préfentent beaucoup d'inconvénients & peu d'avantages. Vous avez apperçu
dans un tableau rapide, mais fidele, que les
premiers en fortifiant les ames comme les
corps, & en préparant des délaffements aux
petits comme aux grands, ont été pour les
Peuples qui les ont protégés, une fource in-
tariffable de vertus & de gloire. Empreffons-
nous donc de les accueillir ; que la protection du Miniftere accrédite des Jeux & des
Exercices qui rendront à la Nation fa premiere
vigueur & fon ancienne loyauté.

Maîtres des hommes, voulez-vous régé-
nérer vos Peuples, énervés & corrompus par
les Jeux fédentaires; animez les Exercices publics ! Je ne parle point de ceux qui peuvent
coûter la vie à des citoyens ; facrifier des hommes à nos amufements, c'eft le comble du délire ou de la barbarie. Mais pourquoi la paume,
le ballon & mille Jeux de cette efpèce, en vigueur encore dans quelques-unes de nos Pro-
vinces, ne feroient-ils point encouragés dans
toutes nos Villes, dans tous nos Bourgs, dans
tous nos Villages? Pourquoi des courfes publiques de chevaux n'exerçeroient-elles pas
l'activité de notre jeune Nobleffe. Guerriers
efféminés, qui trainez dans nos camps le luxe
incommode & ridicule de la Capitale, vous que
les refforts liants d'un char fomptueux fauvent
de l'ennui & de la fatigue du voyage, lifez la
vie de ces pieux Chevaliers dont vous ofez
porter les noms, renoncez à leurs titres, ou
adoptez leurs mœurs.

Sans doute nous devons nous féliciter de
ce que les armes à feu, moins meurtrieres
que nous ne l'avions espéré, ont, en trom-
pant nos vœux, secondé ceux de la nature;
mais puisqu'elles sont adoptées par toutes les
Nations guerrieres, pourquoi ces Compagnies
qui se disputent l'honneur de lancer avec adresse
des fleches, armes proscrites par l'usage, ne
s'exerceroient-elles pas à lancer avec la plus
grande célérité & la plus grande justesse pos-
sible, les foudres que renferment nos cilyn-
dres tonnants? Pourquoi enfin ne tournerions-
nous pas nos Jeux au profit de nos mœurs &
de notre politique? Cette réforme est aussi
aisée que nécessaire.

Que dans nos Villes, nos Villages, nos Hameaux même, les jeunes gens s'assemblent,
les jours destinés au repos, dans un lieu que
rien ne défende de la chaleur du soleil & de
la rigueur des frimats. Là, pendant que les uns
s'amuseront à gravir sur des rochers, à per-
cer des broussailles, à franchir des fossés, à
lancer d'un bras nerveux la boule ou le disque;
les autres apprendront dans des guerres si-
mulées, à braver, à combattre, à poursuivre
leurs rivaux. Voyez accourir les spectateurs;
ils hâtent tous par les cris de l'impatience,
les combats innocents dont ils feront les Juges.
La bouche béante, les yeux fixés, ils éprou-
vent tantôt l'agitation qu'inspire l'intérêt, tantôt les transports qu'arrache l'admiration. Fixez
vos yeux sur ce pere dont les fils viennent
de forcer les applaudissements. La joie déride

ſon viſage, pétille dans ſes yeux, rayonne ſur ſon front; il oublie la foibleſſe de ſon âge. Un ſaut léger, expreſſion involontaire de ſon alégreſſe, eſt ſuivi des divers tranſports qu'elle inſpire. Toutes ſes attitudes diſent à ceux qui peuvent le voir : je ſuis le pere des vainqueurs. Il s'aſſocie à leur gloire, il s'approprie les ſuccès qui couronnent leur adreſſe. Voilà des plaiſirs bien purs & bien ſentis. Les parents dont les enfants, les Maîtres dont les éleves ont montré moins de dextérité, accuſent les circonſtances ou le ſort. Ils eſperent des ſuccès, & jouiſſent par l'eſpérance. Ainſi les uns, encouragés par leur triomphe, les autres, animés par leur défaite même, méditent de nouveaux combats; ils s'occupent d'avance de ces fêtes militaires, & une heureuſe activité les ſauve de mille paſſions funeſtes à l'Ætat autant qu'à eux-mêmes.

Les Combattans qui ſe ſeront diſtingués dans ces tournois (1) innocents & populaires,

---

(1) Les Tournois originairement mériterent la protection des Souverains. Nithard, qui deſcendoit par ſa mere de Charlemagne, parle ainſi de ces Jeux militaires. » Ces ſpectacles n'etoient pas moins remarquables par » la modération des combattants, que par leur nobleſſe; » & au milieu d'une foule ſi conſidérable de gens de » race & de nation différentes, nul champion n'eut à ſe » plaindre de ſes rivaux. « Mais les régles d'honnêteté qui avoient accrédité les Tournois, ne furent pas toujours auſſi reſpectées; & la jalouſie ou la vengeance enſanglanterent ſouvent l'arene. La Police pourroit prévenir ces inconvénients dans les Tournois populaires que nous conſeillons.

ne pourront-ils pas être appellés ou du moins admis dans les Villes principales, pour y disputer une palme à laquelle le nombre & la qualité des Citoyens prêteroient la plus grande splendeur ? Le Gouvernement ne pourroit-il pas accorder à celui qui auroit remporté plusieurs victoires, quelques-uns des priviléges prostitués à l'opulence qui devroit rougir de les recevoir, & à des Arts corrupteurs qu'on devroit rougir de protéger ? Ne pourroit-on pas au moins distinguer les Triomphateurs par quelques-unes des décorations extérieures qui annoncent & honorent le mérite, sans épuiser le trésor de l'Etat ?

Ah ! si les Souverains daignoient assister quelquefois eux-mêmes à ces Jeux, à ces Exercices publics, avec la magnificence du rang suprême, l'on verroit bientôt le goût pour la gymnastique, réveiller la Nation assoupie, lui rendre ses mœurs antiques, & changer des Sibarites en Lacédémoniens. Le Peuple, cette partie des Citoyens, la plus utile, comme la plus méprisée, oublieroit dans ces spectacles, faits pour lui, ses fatigues & son indigence. Ces fêtes qui procureroient de fréquents amusements, sans exiger de grandes dépenses, sans coûter aucun remords, conviendroient à nos Hameaux comme à nos Villes, au Peuple comme aux Citoyens les plus distingués. Elles donneroient de la force au corps, de la vigueur à l'ame, & ne seroient pas moins au profit des vertus que de la santé.

Empressons-nous donc d'accueillir ces Jeux

& ces Exercices publics. Que la protection du Ministere les encourage parmi nous? Aurois-je le bonheur de voir s'opérer une révolution fi utile aux mœurs énervées & corrompues par les Jeux fédentaires? Eh ! pourquoi ne pas l'espérer ? Un jeune Monarque qui n'a trompé nos espérances qu'en les furpaffant ; les Mentors qui dirigent & admirent les actions de ce jeune Thélémaque ; les Dieux qui conduifent les troupeaux de ce nouvel Admette, defirent de révivifier par les vertus la Nation dont fes Edits préparent la félicité. Déja leurs exemples & leurs menaces ont décrédité les Jeux de hafard. Déja les Princes les plus auguftes, les Seigneurs les plus diftingués difputent dans la fphériftique ou dans la courfe des chevaux, le prix de la force & de l'agilité. Déja, par une noble confpiration, les premiers appuis du Trône s'efforcent de rétablir l'ancienne Chevalerie dont ils ont adopté le coftume & l'héroïfme. Le Peuple, naturellement imitateur, croit fe rapprocher des Grands en copiant leurs mœurs. J'ofe efpérer de voir le moment où les Jeux & les Exercices publics feront germer parmi nous les heureufes qualités qu'ils ont développées chez les différents Peuples & dans les différents temps où ils ont été en ufage.

F I N.